빛, 내리다

2018년 7월 20일 1판 1쇄 인쇄
2018년 7월 25일 1판 1쇄 발행

사진과 글 | 이현주
펴낸이 | 이호준
펴낸곳 | 북촌

등록번호 | 제300-2015-55호
등록일자 | 2015년 3월 24일

주소 | 03170 서울특별시 종로구 새문안로 5가길 28, 1216호 (적선동, 쌍용플래티넘)
전화 | 02) 722-3629, 070) 8834-3629
팩스 | 02) 395-3629
이메일 | bookblog@naver.com

ISBN 979-11-955091-7-1 (03810)

이 책을 만든 사람들
북 디자인 | 아르떼203
제작 | (주)꽃피는 청춘

ⓒ이현주

이 책의 판권은 저작권자와 북촌에 있습니다.
저작권자와 북촌 모두의 서면 동의 없이는 이 책의 일부 또는 전부를 이용할 수 없습니다.

- 책값은 표지에 있습니다.
- 잘못된 책은 바꾸어 드립니다.

빛, 내리다

이현주 사진과 글

박물관의 빛, 꽃, 바람, 색

북촌

추천의 글

마음에 부딪쳐 오는 이미지를 사랑하는
인문학적 사물보기

　박물관의 보물들은 서로 다른 역사와 문화를 간직한 사람들의 희로애락이 담긴 유산이다. 이런 유산 하나하나를 대할 때 우리는 배움의 대상으로만 생각해 왔던 게 사실이다. 그런데 이 책을 쓴 이현주 선생은 박물관이 품고 있는 유물들을 대하는 색다른 시선을 보여주는 것은 물론이고, 박물관에 깃든 나무·풀꽃·관람객들과의 소통까지 박물관의 범위로 담아내 편안하게 보여준다. 이런 점에서 이 책은 박물관을 즐기는 또 다른 방법을 보여주는 책이라 할 수 있다.
　오래된 유물에서 배움이나 깨우침을 얻는 것만이 박물관의 전부가 아니라는 것을 확인할 수 있기에, 이 책은 박물관을 만나 즐기는 것의 의미를 어디까지 확장할 수 있는지 보여준다고 생각한다. 이 때문에 '아차, 박물관을 이렇게 볼 수도 있구나.' 또는 '아, 이렇게 생각하니 박물관과 유물이 내 마음에 쏙 들어오네!'라는 생각이 들도록 하는 책이다. 구체적으로 보자면 이 책에 소개된 등허리가 깨어진 철불의 모습에서 우리는 마음이 열린 부처의 이미지를 본다. 이는 우리가 유물을 '나의 마음속에 있는 부처'로 만들어가는 몸짓의 한 사례라는 생각이 들어 깊이 공감하게 된다.
　이현주 선생이 박물관에 살면서 눈길 가는 곳을 사진으로 담고 자신만의 특별한 생각으로 풀어낸 것은 박물관에서 얻을 수 있는 인문학적 사물보기의 대표적인 형태이다. 박물관장으로서 나는 이러한 시각과 시도가 널리 퍼져나갔으면 좋겠다고 생각한다. 왜냐하면 박물관의 유물을 대할 때 이를 난해하고 접근

하기 어려운 대상으로 간주하기보다는, 이현주 선생이 그랬듯이 자신에게 다가온 그 순간의 이미지와 소통한다면 생각을 풍요롭게 할 수 있겠다는 생각이 들었기 때문이다. 박물관을 찾아 이런 시도를 하는 사람들이 늘어날수록, 박물관은 찾아오는 이들의 삶을 행복하게 하는 역할을 더 잘 감당할 수 있을 것이다.

  박물관을 제대로 즐기는 방법은 이 책에 담긴 시선처럼 자신의 마음에 부딪쳐 오는 이미지를 사랑하는 것이다. 유물을 포함해서 자연과 사람과 공간과 소통하며 함께 행복하게 어우러지는 길을 즐겁게 고민하는 것이다. 이 책에서 그 길을 함께 찾아갈 수 있기를 기대한다.

배기동(국립중앙박물관장)

유물들과 공명하는 박물관의 꽃과 나무이야기

국립중앙박물관은 우리나라의 소중한 문화유산이 있는 곳이며, 우리나라의 정신이 집약된 곳이다. 개관 이래 처음으로 제집을 짓고 광화문에서 용산으로 이전할 때 국립중앙박물관 관장으로서 박물관 이전·개관을 책임져야 했던 부담감은 이루 말할 수 없었다. 그때 바로 옆에 이현주 선생이 있었다. 이전·개관이라는 막중한 업무를 앞두고 당시 홍보TF 일원으로서 홍보 전문가가 꼭 필요하다는 보고서를 만들어 보고한 사람이 이현주 선생이었다.

이전·개관한 직후부터 지금까지 이현주 선생은 국립중앙박물관에서 홍보 업무를 담당하고 있다. 박물관과 관람객의 소통에 즐겁게 임하는 모습을 지켜보며, 그가 박물관을 무척 사랑하고 자랑스러워한다는 것을 다시금 확인할 수 있었다.

이현주 선생은 박물관신문을 만드는 담당자로 들어온 뒤 박물관에 깊이 매료되어 박물관에서 좀 더 전문적인 일을 하고 싶어 대학원에 진학해 홍보를 공부한 사람이다. 내가 국립중앙박물관장으로 있을 때도 그랬지만 나온 이후에도, 이현주 선생은 그 모습 그대로 많은 이들에게 박물관을 알리고 있다. 요즘도 박물관 행사에 가면 항상 이현주 선생이 있어서 반갑게 인사를 나눈다. 그런데 이번에 책을 낸다고 해서 매우 기뻤고, 축하하는 마음 가득하다.

박물관에는 유물만 있는 게 아니다. 박물관은 유물과 소통한 뒤 몸과 마음에 쉼을 주기도 하고 전시도 관람하고 공연도 관람하는 복합문화 공간이다. 그 휴

식공간의 가장 좋은 곳의 예는 박물관 정원이다. 박물관의 석조물 전시장과 정원에는 구석구석 아름다운 꽃들과 나무들이 조화를 이루고 있다.

이현주 선생은 천상 홍보인이다. 평상시에는 차분하지만 박물관 홍보만큼은 열정적으로 해왔던 사람이다. 유물이야기와 더불어 박물관의 정원에서 자라고 있는 꽃과 나무들을 사진으로 찍고, 거의 매일 하나씩 SNS에 소개하고 있다고 한다. 2014년부터는 월간《박물관 신문》에도 거의 매달 '박물관 풍경'이라는 박물관 포토에세이를 게재하고 있다.

이 책은 박물관에서 28년 가까이 박물관에서 일한 사람이 겸손하게 내보이는 작은 선물이라고 생각한다. 박물관의 전시나 유물소개가 아니라, 박물관에서 유물들과 함께 공명하며 사계절에 걸쳐 피고 지는 꽃과 나무들의 이야기를 엮어낸 책은 처음이라 더 기쁘고 의미 있는 책이라고 생각한다.

이 책을 통해 이현주 선생의 바람처럼 관람객들이 박물관에서 유물뿐만 아니라 계절에 걸쳐 꽃과 나무를 보면서 휴식도 취하는 계기가 되었으면 좋겠다. 이렇게 의미 있는 책을 출간한 이 선생에게 다시 한 번 축하인사를 전한다.

2018년 7월
이건무(전 국립중앙박물관장, 전 문화재청장)

저자의 글

박물관이 품은 빛, 꽃, 바람, 색

저는 박물관을 알리는 일을 합니다.

하루에도 수없이 많은 일들이 일어나는 박물관. 이곳 내부에서는 유물들이 관람객과 만나려고 두근거리며 순서를 기다리고 있지요. 건물을 둘러싼 자연공간에서는 계절마다 수없이 많은 풀과 나무들이 꽃을 피우고 열매를 맺고 있습니다.

내부와 외부가 함께 공존하는 박물관을 무대로 관람객들이 가치 있는 유산들과 만날 수 있도록 소개합니다. 많은 관람객들이 즐겨 찾는 상설전시관이 또 다른 문화재들을 품을 때마다, 전시개편을 하며 새로운 주제로 관람객들에게 다가갈 때마다 저 또한 스스로를 비우고 유물들과 마주하며 전시를 소개할 준비를 합니다.

해마다 여러 차례 열리는 특별전시와 수요일 밤을 밝히는 큐레이터와의 대화를 비롯해 다양한 교육프로그램과 수많은 강좌, 음악회와 공연 등을 알릴 때마다, 저의 하루는 박물관의 시계와 함께 분주하지만 즐겁게 움직입니다.

이처럼 저는 살아있는 유물들과 관람객들이 함께 만나 행복할 수 있도록 도와주는 역할을 합니다. 그러면서 박물관은 이 공간에 자리한 역사의 숨결들은 물론이고 박물관을 찾은 관람객들이 함께 만들어가는 존재라는 것을 다시금 깨닫게 됩니다. 이렇게 1년 내내 박물관을 생각하고 둘러본 이야기를 여기에 담았습니다.

전시장에는 수천 년의 기운이 현재의 기운과 함께 있습니다.

세월을 오롯이 겪어낸 철제불상도 있고 뜨거운 불길을 받아 만들어진 도자기들도 있지요. 반짝반짝 빛을 발하는 금관도 있습니다. 전시실에 자리한 이 모든 것들은 오랜 기간 동안 사라지지 않고 세월을 이겨낸 물건들입니다. 박물관은 우리를 말해주는 이런 문화재들의 이야기를 전시장에 풀어놓습니다.

여기에 문화재들과 함께하는 것들이 있습니다. 박물관 건물을 둘러싼 자연과 생명들입니다. 저는 이 또한 박물관에 자리한 또 다른 보석이라 여깁니다.

봄이 오는 길을 따라 출근하다 보면, 돌단풍을 만나고 시간을 따라 진달래도 철쭉도 만납니다. 이른 출근을 하다 낮게 깔린 야광나무 향기에 취하기도 하고 자작나무의 하얀 기둥에 시선을 빼앗기기도 합니다. 후원에는 모란과 작약이 피어나기도 하고, '후원못'을 찾으면 돌수조가 물을 흘려보내고 있고 수련은 잠에서 깨어나 아름다움을 뽐냅니다. 이 길을 따라 조금만 더 가면 염색식물원 앞의 청매가 반기고 쪽동백나무와 해당화 향기에 취하기도 하지요.

여름이 가고 가을이 오면 노랗게 익는 감나무와 모과가 존재감을 알리고, 산딸나무도 질 새라 사랑스런 분홍색 열매를 맺습니다. 석조물 정원으로 걸어가다 보면 쭉쭉 뻗은 멋진 소나무가 반깁니다. 비온 뒤에는 운 좋게 솔향기를 맡을 수도 있는 길이 됩니다. 좀 더 계절이 짙어지면 빨간 열매를 맺는 산사나무가 파란 하늘과 멋진 하모니를 만들어 내고, 100일 동안 꽃을 피우는 배롱나무도 만날 수 있습니다.

　이처럼 박물관의 정원은 시간이 말해주는 자연의 아름다움에 마음껏 취할 수 있는 공간입니다.

　박물관은 오래전 사람들이 자연에서 배워 만들어낸 유물들을 품은 채 지금도 살아있는 자연과 만나고 있는 공간입니다. 그 가치를 만나기 위해 시간을 내어 찾아든 관람객들에게 박물관은 지금 이 순간에도 아름다움을 선물할 준비를 하고 있답니다. 살아있는 자연의 향기들과 함께 말이지요.

　저는 박물관에 깃들어 수많은 유물들과 대화하는 가운데, 같은 공간에 깃든 많은 생명들과 교감했습니다. 그러는 동안 오래된 유물들은 물론이고 생명들과 교감하는 사람들의 모습도 박물관을 살아 움직이게 한다는 걸 알게 되었습니다.

　사진을 찍고, 그 사진들을 보며 간단한 글을 써서 올리기 시작했습니다.

　아침 일찍 출근해 한 장의 사진을 고릅니다. 저는 사진에 등장하는 나무도 되었다가 하늘도 되고 꽃도 되었다가 풀이나 바람이 되기도 하고, 나무를 비추는 햇빛도 되었습니다. 꿈꾸는 모든 것이 되어 사진과 짧은 이야기들을 읽고 공감하시는 분들과 소통할 수 있었습니다.

   그리고 이런 생명의 향기들을 찍고 공유하는 것은 저에게 일상 속에서 가질 수 있는 또 다른 '숨구멍'이었습니다. 일상적인 일들이나 꼭 해야 하는 일들의 무게로 다가오는 것이 아닌, 정말 좋아하고 즐겁게 할 수 있는 일을 저는 숨구멍이라 부릅니다.
   우리 모두에게는 어쩌면 이런 숨구멍이 필요할지도 모르겠습니다. 일상에서 벗어나 정말 좋아하고 즐기는 일들을 하는 순간들 말이지요. 책을 읽거나 공연을 관람할 수도 있고, 미술관을 찾거나 좋아하는 운동에 몰입할 수도 있으며, 산에 올라가 신선한 공기를 마음껏 마실 수도 있는 자신이 정말 좋아하는 일들을 하는 그런 시간 말입니다. 제가 박물관에서 경험했던 것처럼, 누군가도 이 책을 손에 들고 작은 숨구멍을 만드는 시간이 되었으면 하는 바람입니다.

시 쓰는 사람, 소설 쓰는 사람이 되고 싶었던 적이 있습니다. 그런데 이렇게 포토에세이로 한 권의 책을 세상에 내어놓습니다. 미래는 예측할 수 없지만 가끔은 보너스 같은 행운도 존재합니다. 그래서 세상은 살만한 것인지도 모르겠습니다.

주위에 아름다운 사람들이 있었기에 이 책이 나오게 되었습니다. 늘 저를 응원해 주는 사랑하는 식구들과 함께해 주는 마음 친구분들 고맙습니다.

2018년 7월 여름이 눈부신 박물관에서
이현주 드림

1부

빛

추천의 글 　배기동(국립중앙박물관장)	4
이건무(전 국립중앙박물관장, 전 문화재청장)	6
저자의 글	8

이제 쑥쑥 올라오거라	21
그런 날 있지	23
아주 작습니다	27
어떤 일에 대해 최선을 다하고	29
물도 어딘가에 있느냐에 따라 다르다	31
한낮의 광선은	33
이리 보아도	35
언제나 그 자리에	37
커다란 그림판 위에	39
빛에너지가 천장으로부터 내려온다	41
그늘을 다오	43
한때는	45
불신하는 그대	47
물들어가고 있다	49
너에게 남겨두기 전에	51
기억한다	53
누군들 할 말이 없을까	55
겨울에만 보인다	57
님을 좀 더 알고 싶습니다	59
뻥 뚫린 몸으로 세상을 바라본다	61
나의 가슴은 없어졌어도	63
부처의 위대한 빛이여	65
나도 몰랐어	67
아름다운 색	69
난 이곳에서 자유롭게 헤엄치지	71

2부

꽃

이제 시작입니다	75
콩알만 한 것이 이쁜 척한다고	77
가지 끝이 아니더라도	79
늘 거기에 있었는데	81
나는 제비꽃이 아니에요	83
너를 수없이 찍는 동안에도	85
우수수	87
흰 눈이 나무에 내린 듯	89
시간이 지나면 알 거야	91
네 앞에 서니	93
아름답다면	95
이야기해봐	97
조금 멀리 떨어져 있다고	99
누구에게 하는 말인지 몰라도	101
피어난 너를 그냥 사랑하기만 하면 된다	103
어느 곳에서 피든 아름다운 너를 위해	105
점점 독해지고 있다	107
늘 우리는 잊고 삽니다	109
당신들의 길 말고	111
당신을 기다렸습니다	113
때론 알 것도 같다	115
네가 그곳에 활짝 피어 있고나	117
너를 보면 아직도 가슴이 뛰어	119
서럽더냐	121
금속으로 태어나	123

3부

바람

자, 이제 날아오르려무나	127
그가 물었다	129
수많은 그럼에도 불구하고	131
5월이 아름다운 것은	133
그렇구나	135
가만히 보고 있으면	139
더불어 함께	141
우린	143
흐른다	145
누가 옮겨 놓았을까	147
언제는	149
하늘엔	151
바람이 분다	153
아이들이 박물관에 왔다	155
내 몸의 가시로	157
내가 많이 가져서 전하는 것이 아니라	159
어리석은 자가 저지르는	161
울긋불긋 담장이	163
이렇게 이쁜 치마를 입고	165
바닥에 떨어져 생각한다	167
위태롭다	169
오만傲慢이 아니었어도	171
욕망이 없는 자는 죽은 자나 다름이 없다	173
겨울이다	175
여기서는 우리가 주인공이야	177

4부

색

우리는 혼자가 아니다	181
당신도 꽃이랍니다	183
아름다운 꽃을 피웠던 그대는	185
이렇게 강렬해도 되는 것이냐	187
전 층층나무입니다	189
한 송이, 한 줄기에서도	191
변하지 않는 사람	193
숨어서	195
보았나요?	197
얼마나 더	199
변한다는 것	201
너를 물들여 줄 거야	203
내가 변한 것이 아닙니다	205
뒷모습에도	207
봄의 하얀 꽃이	209
익어간다	211
아우 퍼래	215
가을은	217
물든다	219
물들었다	221
수고했다	223
가끔 고운 숨이 필요할 때	225
사랑합니다	227
나는 눈瘝일 뿐이었지만	229
내가 작다고 생각하지?	231

1부

빛

+
돌
단
풍
+

이제
쑥쑥 올라오거라

겨우내 비축해 둔 너의 에너지를 마음껏 보여주거라

누구의 시선도
부끄러워하지도
두려워하지도 말거라

너는 이미 충분히 아름답다

+
등나무
+

그런 날 있지

그런 날 있지
그저 평범한 아주 평범한 일상이
그런 대로 괜찮지 않은가 감사하지 않은가
그렇게 생각하게 되는 날

밤새 우울하다
다시 몸을 일으키고 반복되는 일상을 시작했지

다소 쌀쌀해진 날씨
가방에 있던 스카프를 목에 두르고
살짝 한두 방울 떨어지기 시작하는 빗방울 우산도 켜고 걸었지

아침 산책길인 그녀
얼굴이 마주치면 고개를 살짝 숙여 인사를 하던 그녀가
"오늘은 가을 느낌이네요."라고 웃으며 인사를 했어
나도 그녀에게 웃음으로 인사를 했지

출근해 책상에 앉아 컴퓨터 전원을 켰어
모니터의 바탕화면에 저장해 놓은 작은 꽃들과
그 위를 나는 작은 생명을 보았지

그러다가
바탕화면에 같이 뜨는 수십 개의 흔적들인
나의 파일들을 봤어

그래, 이런 나도 괜찮네
이렇게 하나하나 해나갈 수 있는 내가 있어서 감사하네
생각한 아침

평소와 다름없는 그런 아침

+
돌
단
풍
+

아주 작습니다

아주 작습니다
봄의 전령사입니다
이름도 소박하답니다
그의 이름은 돌단풍입니다

땅에서 올라올 때조차 관심을 갖지 않으면
잘 눈에 띄지 않는
그러나 꽃이 피면 소박하지만,
참으로 아름답습니다

스스로 빛나는 것은 없습니다
관심이
아름다움을 발견하고
소박한 것도 빛나게 할 수 있습니다

시작은
우리 마음에서

+

층층나무

+

어떤 일에 대해 최선을 다하고

어떤 일에 대해 최선을 다하고
그것을 마무리했을 때의 성취감을
우리는,
나는 알고 있다

너무나 간절해서 심장이 아리다 못해 터져버릴 것 같았던
잠도 잘 수 없었던 때의 이야기를
우리는,
나는 알고 있다

그 소망을 이룬 후
정말 해내었을까?
반문하다 어깨를 들썩이며
눈물을 쏟았던 일도 알고 있다

그런 삶을
살았다면
알게 되었다면
다행인 거지?

+ 소나무, 빗방울 +

물도
어딘가에 있느냐에 따라 다르다

물도
어딘가에 있느냐에 따라 다르다

너는
소나무가지 맨 끝에 앉아
이렇게
구슬이 되었구나

+ 으뜸홀 +

한낮의 광선은
역사의 길로 가는
빛의 길을 만들어냈다

이왕이면
빛이 만들어낸 길로

어린이박물관、가족

이리 보아도

이리 보아도
저리 보아도
참으로 이쁘구나

네가 웃음 지으니
모두가 저절로 행복해지는구나

엄마는 너를 사진에 담느라 온몸을 내던지고,
할머니는 네가 떨어질까 온몸이 긴장이시다

+
백
합
나
리
+

언제나 그 자리에

언제나 그 자리에

누구에게는 그리움이었다
누구에게는 안심하는 마음이었다
누구에게는 참 고마운 일이었다

다시 돌아온
그대에게는 미소밖에 전할 것이 없다

열린마당, 관람객

커다란 그림판 위에

커다란 그림판 위에
구름으로 쓱쓱 밑그림을 그리고

한 사람, 한 사람이
들어앉아 완성한 그림

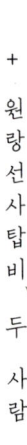

+ 원랑선사탑비, 두 사람 +

빛에너지가 천장으로부터 내려온다

빛에너지가 천장으로부터 내려온다

두 사람이 걷는다
두 줄기의 빛 속으로

내 마음에도 들어온
또 다른 역사의 빛살

+ 수세미 +

그늘을 다오

그늘을 다오
그리고 마음도 씻어다오

너는
마음 좋은 수세미니까

+
가
막
살
나
무
+

한 때는

한때는
너도 반짝거렸던 적이 있었다

선명하고 아름다운 빨강으로 단장한 채
통통한 열매로
햇볕 아래 눈부셨던 적도 있었다

겨울
차가운 공기에 부딪혀
시들어버린 너

그래도
너는
이쁘다

+
모
과
나
무
+

불신하는 그대
빛의 속삭임에 눈을 열고 귀를 열어두세요
더욱 중요한 건 마음을 여는 일이랍니다

모르는 게 아니라
모르는 척하는 겁니다

친구니까 무안할까 봐
동료니까 어색할까 봐
그냥 지내고 있는 겁니다

이해하려고 노력하는 것이지
당신이 옳다는 것은 아닙니다

우리는, 나는
당신을, 그들을
마음으로 견디는 것입니다

시간이 너무 많이 걸리지 않았으면 좋겠습니다
상처자국이 너무 많이 생기지 않도록 해주세요
당신을 미워하는 시간이 생기지 않도록

+ 좀작살나무 +

물들어가고 있다

물들어가고 있다
파란 알갱이들은
점점 더 진한 보랏빛이 될 것이다

사람도 시간이 지날수록 물들어간다
주변의 환경에 의해
사람들에 의해

좋은 사람들과 만나 그들처럼 물들어가고 싶고
나 또한 좋은 사람으로 그들을 물들이고 싶다
그게 욕심인가

감

너에게 남겨두기 전에

너에게 남겨두기 전에
넌 와서 맛나게 먹었구나
햇살 아래 붉게 익은 감을
너는 놓치지 않았구나

맛나게 먹혀 속살을 드러낸 감은
남겨 놓은 감은
너의
간식이더냐

+ 진달래 +

기억한다

기억한다
아름다운 시간들을

이제 알았다

늘 잔잔한 그녀를 보며
흔들리지 않을 자신만의 성을 만들어가는 그녀를 보며
그녀가 스스로 만드는 아름다운 시간의 결과물들을 보며
나도 잔잔해져 가야 함을 알았다

내가 기억하는 그 아름다운 시간들이
내가 누렸던 그 작은 행복들이
누구의 작은 희생이었을지도 모른다는 사실을 알았다

그 순간 그녀가 가진 두 개의 보석
내가 가진 수많은 보석

시간은 같이 흘러도
남는 추억은 다 다르다

그렇게 누구든 소중히 여기는 마음으로 또 그렇게 가자

가을, 낙엽

누군들 할 말이 없을까

누군들 할 말이 없을까
누군들 분노가 없을까
누군들 아픔이 없을까

말하는 것도
말하지 않고 묵묵히 이겨내는 것도 모두 살아내고 있는 것이다

목구멍에 걸린 언어들을 꾹꾹 눌러가며
슬픔도 아픔도 분노도 이겨내고 있는 것이다

침묵하고 있다 해서
그가 생각하지 않고 있다고
그가 모르고 있다고
그가 아프지도 않을 거라 생각하지 말라

당신 앞에서의 침묵이
헛된 미소가
흔들리는 눈빛이
그가 밤에 흘리는 눈물의 다른 이름이다

+ 새의 집, 참나무 +

겨울에만 보인다

겨울에만 보인다
봄 · 여름 · 가을에는 보이지 않는다
그래도 너는 언제나 그곳에 있었다

누군가에 의해
내가 가려져 있다고 해도
나는 여전히 여기 있는 것처럼

시선, 관음보살상

님을 좀 더 알고 싶습니다

님을 좀 더 알고 싶습니다

소승
이렇게 우러러봅니다

+ 아미타불 +

뻥 뚫린 몸으로 세상을 바라본다

뻥 뚫린 몸으로 세상을 바라본다
내가 앉은 곳에서 세상을 바라본다

빛과 어둠
참과 거짓
기쁨과 슬픔

모든 것이 반으로 나뉘진 않을 것이다

내가 바라보는 시선
거기에 세상이 있을 뿐

불두

나의 가슴은 없어졌어도

나의 가슴은 없어졌어도
온전한 나를 떠올릴 수 있다네
그대들을 바라볼 수 있다네
그대들을 위해 기도할 수 있다네

+
광
배
+

부처의 위대한 빛이여

부처의 위대한 빛이여
신령스럽고 밝은 빛이여

부끄러운 마음에 부처를 보지 못하고
이렇게 그대의 뒤에서 빛만 바라봅니다

청동 금은입사 소호

나도 몰랐어

나도 몰랐어

오랫동안 시꺼먼 옷을 입고 있었던 나
나는 작은 못난이였지

어느 날 한 사람이 어둠속에 있던 나를
꺼냈고 누군가가 나를 닦기 시작했어

갑자기 나를 닦아내던 그가 손길을 멈추었지
그러고 나서 나를 자세히 쳐다보기 시작했어

다시 그의 손길이 바빠졌고
오랜 시간 곱디곱게 나를 닦아냈어

나는 점점 반짝거리기 시작했지
난 아름다운 금과 은으로 단장한 귀한 몸이었던 거야

어느 날 나는 모두에게 나의 본모습을 보여줬어
원래 아름다웠으나 감춰져 있던 그 모습을

그래, 때론
내가 아닌 그 누군가가
나의 아름다움을 발견할 수도 있어

+ 진짜와 허상(虛像) +

아름다운 색

아름다운 색
아름다운 선을 가진
도자기

그 위로
비쳐지는 영상
또 다른 도자기

둘 다 아름답다

진짜가 있어야 가짜도 있다

우린
역사가 남겨준 현재와
다가올 미래의 한 조각을 본다

보여지는,
보여주는 방식은
사람의 몫이고 선택이다

분청사기

난 이곳에서
자유롭게 헤엄치지

난 이곳에서
자유롭게 헤엄치지

그들이 바라볼 때도
조명이 꺼진 뒤, 컴컴한 공간에서도

자신 있게
신나게 헤엄치지

*
매
화
*

이제 시작입니다

이제 시작입니다

그대는
수줍은 표정으로
작은 꽃송이 하나를 피워냅니다

곧 다른 꽃송이들도
툭,
툭,
투두둑 터지며
고운 꽃잎을 내어보일 터이지요?

새로운 봄이 시작됩니다
아름다운 시작을 알리는
사랑스러운 그대여

* 올괴불나무 *

콩알만 한 것이 이쁜 척한다고

콩알만 한 것이 이쁜 척한다고
그녀가 말했다

나도
동감이야

*
풀
또
기
*

가지 끝이 아니더라도

가지 끝이 아니더라도
피어
아름답다면
그곳이 네 자리

*
용
버
들
*

늘 거기에 있었는데

늘 거기에 있었는데
알지 못하고
보지도 못하고
그렇게 시간을 보내고

어느 날 갑자기 찾아온 듯
놀란 눈으로
널 본다

* 종지나물 *

나는 제비꽃이 아니에요

나는 제비꽃이 아니에요
나는 처음부터 이곳에 살진 않았어요

어느 날 부터인가 이곳에 있었지만
이곳을 내 집인 것처럼 사랑하고 있어요

당신의 심장을 닮은
난

*
모
란
*

너를 수없이 찍는 동안에도

너를 수없이 찍는 동안에도
끝을 알 수 없었던 아름다움

숨이 막힌다

* 층층나무 *

우수수

우수수
흰빛으로 내려앉은 별 같다
별꽃 같다

* 이팝나무 *

흰 눈이 나무에 내린 듯

흰 눈이 나무에 내린 듯
흰쌀이 나무에 다닥다닥 붙어 있는 듯

하얀 세상, 환한 세상을 만들어준

누구에게나 배부른
꽃

* 삼색조팝 *

시간이 지나면 알 거야

시간이 지나면 알 거야
내 마음을
진실을
알아줄 거야

때론,
그 시간이 영원처럼 길다

* 인 동 초 *

네 앞에 서니

네 앞에 서니
너는 진한 향기로
내게 말을 거네

*
쉬
땅
나
무
*

아름답다면

아름답다면
향기를 가졌다면
아니
꿀로 그들의 허기를 채울 수 있다면

벌들은
모여들리라

*
해
당
화
*

이야기해봐

이야기해봐
너의 이야기를 들어줄게

하고 싶은 이야기를 해봐
다 들어줄게

주위에 이야기를 하겠단 사람밖에 없어서
들어주겠단 사람 없어서
그래서 서러워지면
내게 와서 이야기를 해봐

너에게 시선을 두고
너에게 웃음도 주고
너에게 시간을 내어줄게

그렇게 난
너의 이야기를 들어줄게

*
가 는 금 불 초
*

조금 멀리 떨어져 있다고

조금 멀리 떨어져 있다고
널 자세히 보지 못했다
겨우 몇 걸음 더 가면 되는 것을

* 참나리 *

누구에게 하는 말인지 몰라도

누구에게
하는 말인지 몰라도
반갑다
고맙다
라고

여기 피어서는
너는
나에게
인사하네

*
참
나
리
*

피어난 너를 그냥 사랑하기만 하면 된다

피어난 너를 그냥 사랑하기만 하면 된다
피는 자체만으로 넌 기쁨이니

사랑도 식을까?
시들고 나면 잠시 잊는 것뿐이다

너는 다시 피어날 것이고
나는 다시 사랑할 것이다

누군가를 미워하면
나를 미워하는 것이다

나의 가슴에 구멍이 생긴 것이니까
그만큼 그 무엇이든 빠져나간 것이니까
나를 소중하게 생각하지 못하는 것이니까

*
수
련
*

어느 곳에서 피든 아름다운 너를 위해

어느 곳에서 피든 아름다운 너를 위해
소신所信을 지키기 위해 노력하는 아름다운 너를 위해
선善이 최선이라는 어리석은 또 다른 너를 위해
신의信義를 위해 오늘도 애쓰는 너를 위해

그런 하루하루를 위해…….

* 쑥부쟁이 *

점점 독해지고 있다

점점
독해지고 있다
세상 살아가려 애쓰다보니

독해지지 않으면
온갖 것들에 부딪혀서
약한 그곳에 상처가 생기고 그 상처가 곪아서 더 아파지니까

좋은 사람과 배울 점이 있는 사람과의 시간도 부족할진데,
부딪힐수록 아픈 사람과는 멀어져야 한다
현실적인 공간을 멀리할 수 없다면 마음만이라도 멀리 보내야 한다

독해진다고 우기고 건강해진다고 우기는 건
이제 아프기 싫기 때문인지도 모른다

삶을 흔드는 바람이
때때로 분다

*
사
피
니
아
*

늘 우리는 잊고 삽니다

늘
우리는
잊고 삽니다

당신이
있어
행복하다는 사실을

이제
고백합니다

당신이 함께 있어 행복합니다

* 키 작은 백일홍 *

당신들의 길 말고

당신들의 길 말고
나의 길

당신들의 뜻 말고
나의 의지

나의 자존감은 잃지 말자고

키 작은 나는
오늘도 생각하네

*
연
*

당신을 기다렸습니다

당신을 기다렸습니다

당신이 보지 못할까
진흙 뻘을 뚫고
물속을 지나
이렇게 물 위로 올라왔습니다

이제 깨끗하고 순수한 마음으로
당신을 맞을 준비를 합니다
이렇게 곱게 단장하고

* 부추꽃 *

때론 알 것도 같다

때론 알 것도 같다
때론 모르겠다

사람이 마음에 들어왔다가
아직 다 나가지 않았다

때때로 사람을 생각한다
사람의 마음은 확인하지 못한다
내 가치를 아느냐고
나를 아직도 품고 있느냐고

사람이 떠나고
또 사람이 온다

우리가 사는 삶은
만남과 헤어짐의 연속이다

다 보낼지
조금이라도 서로 남겨 놓을지는
영원한 숙제다

* 꽃무릇, 야외석조물정원 *

네가 그곳에 활짝 피어 있고나

네가 그곳에 활짝 피어 있고나

살수기의 물을 듬뿍 맞고 있는 너희들,
참 곱다

무뚝뚝한 석탑들도 너로 인해 싱글거리고 있는 것 같더라

나 역시,
네 앞에 서서 이렇게 미소 짓고 있으니

* 꽃무릇 *

너를 보면 아직도 가슴이 뛰어

너를 보면 아직도 가슴이 뛰어
어찌 그리 고상한지, 아름다운지
붉게 홀로 선 줄기 위에
가느다란 수많은 꽃선을 넌 만들어내는지

신기하다, 신기하다
어찌 넌 그런 모습을 하고 있느냐고 감탄하지

그러고 나서
가는 모습은 기억하지 않지

아름답다는 마음은
네가 돌아오는 때에만 피어나

난
이기적인 사랑을 하니까

* 산국 *

서럽더냐

서럽더냐
네가 누려온 행복했던 시간이 사라진 이 순간
추위에 구부려진 네 꽃목

알고 있다
그 부러진 꽃목에 사라진 너의 아름다움이
아직 껵껵 소리 내며 울고 있다는 걸

너의 소박한 향기도
너의 작은 아름다움도
우린
다 기억하고 있다

울지 마라
울지 마라
어쩔 수 없이 오는 시간들은

기쁨도
슬픔도
그 무엇도
다 저장해 두고 있으니

괜찮다, 괜찮다
다 괜찮다

* 청동 범종 *

금속으로 태어나

금속으로 태어나
가장 아름다운 단계에 들었다

시간도 알렸으며
중생을 제도하는 아름다운 목소리도 내었다

그대의 몸은 녹으로 많이 상했으나
지금도 그때의 영화榮華는 간직하고 있음이 느껴지는구나

더불어 함께

더불어
함께
작은 생명들도 하는 공존

누구는
왜 혼자이어야만 하고
왜 다 내 것이어야만 하고

~
수
련
~

우 린

우린
혼자 살 수 없는데
늘,
당신과 나 그리고 우리
이렇게 지내고 있는데
마음은 함께하지 않았네
거짓말처럼

~ 거울못, 수련 ~

흐른다

흐른다
거울못

바람이 불고
물결이 반짝거리며 흐르고 있다
수련의 주위는 고요하다

~살구~

누가 옮겨 놓았을까

누가 옮겨 놓았을까
저렇게 정답게 내려앉기는 어려운 일인데
이렇게 이쁜 살구, 한 쌍

~ 후원못 돌수조 ~

언 제 는

언제는
물을 흘려보내는 길이었다가
물이 흐르지 않는 지금은
담쟁이가 지나가는 길

이렇게
스쳐 살아가다가,
어느 날에는 함께하겠지

소나무、하늘

하늘엔

하늘엔
벌써
잠자리가 날아다닌다

"시간이 빨리 흘러가네."

또
혼자 중얼거리는 아침

시간 탓이 아니라
네 탓이야

~수크령~

바람이 분다

바람이 분다
바람을 맞는다
피할 수 없다면
그 바람에 흔들리며 함께 걸어가야겠지

~ 화조도, 아이들 ~

아이들이 박물관에 왔다

아이들이 박물관에 왔다

어느 유물을 자세히 보고
어느 유물은 없는 듯 스쳐간다

10폭 아름다운 병풍 앞을
어슬렁어슬렁 거리며 지나간다

새들과 나무
그들이 저리 반기는데

아이들은 눈길 하나 주지 않는다

너희들이 이해하렴
저 아이들은 다른 것이 더 보고 싶단다

~
탱
자
~

내 몸의 가시로

내 몸의 가시로
당신의 울타리가 되어 드릴게요

내 몸의 가시로
당신을 건강하게 지켜줄 열매를 만들게요

그렇게 살아갈게요

버즘나무

내가 많이 가져서 전하는 것이 아니라

내가 많이 가져서 전하는 것이 아니라
나의 마음을 그대에게 나눈 것이었다

당신을 배려한 것은
내가 당신의 마음을 이해하려 한 노력이었다

당연하게 생각하지 마라
내게도 쉽지 않은 시간이었다

선의를 감사함으로 받아줬으면 좋겠다
당연한 것으로 여겨 더 요구만 하지 말기를

같이 노력해서 이루어야 할 삶이고 세상이다

~ 억새, 배롱나무 ~

어리석은 자가 저지르는

어리석은 자가 저지르는
행동과 말들을
그냥 듣고 있어야 하는
보고 있어야 하는
순간들도 있다

그러나 잊지 않으면 된다,
내가 어디에 서 있어야 하는가를
내가 어디에 서 있는가를

~ 후원 담장, 아이들 ~

울긋불긋 담장이

울긋불긋 담장이
울긋불긋 나무가
바람에 흔들리는 나뭇잎이
우릴 신나게 했어요

친구들 몇 명과 정신없이 놀고 있는데
저쪽에서 선생님이 부르시네요

"야, 빨리 가자!"
친구가 재촉합니다

선생님께 뛰어갑니다
숨이 차오르도록 뛰어갑니다

~ 신갈나무 ~

이렇게 이쁜 치마를 입고

이렇게 이쁜 치마를 입고
난 천천히 익어가

그러다 딱 소리를 내며 바닥으로 내려앉지
사람들 손에 들려 그 자리를 떠나거나
작은 짐승들의 먹이가 되거나
다시 땅속으로 파고들어가
하나의 나무로 거듭나거나

나의 인생이 어디로 갈지는 몰라도
그저 충실하게 익어가는 것이 감사해
그 전에 벌레 먹혀
사라질 수도 있었으니

~솔방울~

바닥에 떨어져 생각한다

바닥에 떨어져 생각한다
나무에 매달려 있던 그때는 어땠는가 하고
이곳에 떨어졌어도
내가 할 수 있는 것, 해야 하는 것은
무엇인가 하고

~낙엽~

위태롭다

위태롭다
넌 그렇게 보인다
매달려 가까스로 지탱한 너

어쩌면
넌
다른 낙엽들이 누리지 못하는
찰나를 아주 오래 겪고 있는지

아니면
넌
공간에서 부유하는 복을
오래도록 누리고 있는지
모르는데

조금이라도 너의 의지
자유로운 의지 속에서 선택하는 순간이기를

~ 후원 ~

오만傲慢이 아니었어도

오만傲慢이 아니었어도
정말 내가 옳았다고 해도
뒤로 물러서야 할 때가 있는 법이다

~ 거울못, 반영 ~

욕망이 없는 자는 죽은 자나 다름이 없다

욕망이 없는 자는 죽은 자나 다름이 없다
욕망이 들끓어 그 욕망에 파묻힌 자, 역시 죽은 자나 다름이 없다

둘 다 자신을 잃어버린 것이기 때문이다
욕망의 다른 이름 희망을 잃어버렸기 때문이다

사람들의 욕망을 바라본다
내 안의 욕망을 들여다본다

~ 팽나무와 졸참나무, 시간과 계절 ~

겨울이다

겨울이다

찬바람이 몸속을 파고든다
몸이 움츠러든다

우리는 스스로 옷을 입는다
우린 사람이기에

자연은 늘 무방비 상태다
볏짚으로 옷을 입혔다
사람의 손이다

그 짚 위에 열매 하나, 떨어진 낙엽들

생명을 다하고 내려앉은 그 밑에는
새로운 생명이 숨쉬고 있다
누구에게는 최고의 날이 기다리고 있고
최고의 날을 다한 생명이 고이 내려앉아 있다

바라본다
시간의 일이다
사람은 거들 뿐이다

시간은 흐른다
그리고 또 봄이 될 것이다

~ 열린마당, 하늘액자 ~

여기서는 우리가 주인공이야

여기서는 우리가 주인공이야
커다란 무대 위에서 우린 신나게 뛰어놀지
하나, 둘, 셋
다 같이 뛰어 보자!

4부

새

· 수양버들 ·

우리는 혼자가 아니다

우리는 혼자가 아니다
보이지 않는 누군가의 배려로 내가 있고

보상을 바라지 않는
절대적인 누군가의 사랑도 우리에게 있다

당장 보이지 않는다고
그들의 사랑을 하찮게 여기지 말라

내가 그들에게 준 사랑이
아무것도 아니었다고 또 의심하지 말라

말할 수 없는 사랑도
말해서는 안 되는 깊은 마음도
모두에게 다 있다

그것이 또한 살아가는 힘이다

철쭉

당신도 꽃이랍니다

당신도 꽃이랍니다
아름다운 사람 꽃이랍니다

활짝 핀 철쭉 사이,
분홍색이 온통 가득한 이곳

분홍색 옷을 입고,
꽃들 사이에서 걸어 나오는 당신

· 모 란 ·

아름다운 꽃을 피웠던 그대는

아름다운 꽃을 피웠던 그대는
그 흔적조차 아름답다

우리가 지나온 아름다운 시간 동안
어떤 흔적을 남기고 가는 것일까

그 흔적은
찾아옴으로
작은 손편지로
마음과 기억으로 남는다

그렇게 생각한 하루

그리고
그 흔적들이 너무도 감사했던 하루

그렇게
충전하며 살아가는 하루, 하루

금
낭
화

이렇게 강렬해도 되는 것이냐

이렇게 강렬해도 되는 것이냐
이렇게 유혹해도 되는 것이냐

붉디붉은 금낭화

· 층
  층
  나
  무 ·

전 층층나무입니다

전 층층나무입니다
요즘 손님들이 하루 종일 찾아와요

제가 흰 꽃을 피운 후
열매를 맺었거든요

파랗고 작은 열매지만
가을이 되면 빨갛게 무르익을 겁니다

그런데, 손님들은 지금의 제 열매를 좋아해요
파르스름한 지금의 열매를요

그래도 내내 혼자였던 저는
손님들을 기쁘게 맞이하고 있답니다

그 작은 열매가 익지 못하고
다 없어진다 하더라도

까치수염

한 송이, 한 줄기에서도

한 송이, 한 줄기에서도
빨리 피는 꽃이 있고
늦게 피는 꽃도 있지

그렇기에
빨리 열매 맺는 꽃도
한참 시간이 흐른 뒤에야 열매 맺는 꽃도 있는 것이지

우리도
다 똑같을 수는
없는 것이지
그런 것이지

벌개미취

변하지 않는 사람

변하지 않는 사람
어느 자리에 있거나 한결같은 사람
더 많이 가지고 있다거나
가져야 할 것을 갖게 되었다고 해도

머루포도

숨어서

숨어서
그렇게
알알이 익어가고 있구나

누군들
그렇게
열매 맺고 싶지 않으리

열심히
비 맞고
햇볕 받고
바람에 흔들리며
그렇게
익어가고 싶겠지
그렇겠지

뱀딸기

보았나요?

보았나요?
뱀딸기

못 보았다고 해도 알려주고 싶지 않습니다
아주 잘 숨어 있었거든요
빨갛고 이쁜 뱀딸기

• 촛불맨드라미 •

얼마나 더

얼마나 더 내 마음의 촛불을 들어야
내 안에 꿀렁이는 수많은 생각, 생각들에게
잔잔한 파도 같은 평화가 찾아오려나

· 나무, 하늘 ·

변한다는 것

변한다는 것
변하지 않는다는 것

변해야 하는 상황과
변하면 안 되는 상황이 있다는 것

알고 있는 사람과
모르는 사람

그저 바라보거나
흔들리지 않고 실천하는 것

시간이 지나면
고개를 끄덕이거나
가슴을 치거나

쪽꽃

너를 물들여 줄 거야

너를 물들여 줄 거야

파랗게
서럽게
그렇게 물들여 줄 거야

그렇게 물들어
너에게도
새파란 물이 뚝뚝 떨어질 수 있게

붉게 보이는 내 안에
시퍼런 가슴이 있음을 너에게 보여 줄 거야

· 능소화 ·

내가 변한 것이 아닙니다

내가 변한 것이 아닙니다
달라진 것이 아닙니다

내가 발전한 것이 아닙니다
그대에게 맞춘 것입니다

그대가 생각하는 것이 무엇인지
그대가 바라는 것이 무엇인지
생각했을 뿐입니다

· 참새, 옛 보신각 동종 ·

뒷모습에도

뒷모습에도
이야기가 있다

눈빛과
입술의 미소와 삐죽삐죽한 표정도
아닌,

뒷모습에도
이야기가 있다

쓸쓸한,
활달한,
서먹한,
기분 좋은

두 마리 참새는 다정해 보인다

산사나무

봄의 하얀 꽃이

봄의 하얀 꽃이
가을에 이리도 붉게 열매 맺습니다

구름 한 점 없는 파란하늘이
그 붉음을 더욱 돋보이게 합니다

결실의 계절
시월이 여기 있습니다

산사나무가
선보이는 가을의 한 페이지

감

익어간다

익어간다
비도 맞고
바람도 맞고
햇볕도 맞으면서
지금은 파랗게
그리고
익으면 붉게 변하겠지

사람도 그렇게
색이 변하면서 익어갔으면
싱그러운 웃음도 지었다가
발그레한 웃음을 지으면서 넉넉해졌으면
지나온 시간이
"그러면 안 되는 거야."라고 말해주는데

왜
모를까, 모를까
사람을 잃으면 안 된다는 것을
아파서 잃어버리는 삶이 어찌 없을까
사람의 인생도
익지도 않고 시들어 떨어진 감처럼 그렇게 될 수도 있는데
되돌아보길
우리의 삶을

감아
넌,
새들에게 먹히지 않고
아주 세찬 바람에 떨어지지 않고
잘 익거라
햇볕에 반짝이는 멋진 감이 되거라

벤자민나무, 하늘

아우 퍼래

아우 퍼래
시퍼런 물이 뚝뚝뚝뚝 떨어질 것 같은 하늘

이런 날은
하늘을 쳐다보지 않을 수 없지

이런 날은
구부러진 어깨를 펴지 않을 수 없지

이런 날은
슬쩍 미소 짓지 않을 수 없지

이런 날은
그냥 그래야 하는 날이지

그저 그런 일은
좀 잊어버리고

담쟁이, 소나무

가을은

가을은
눈을 들어
마지막 불꽃같은 화려함을 바라보는 것
그렇게 미소 띤 얼굴로 다음을 다시 기약하는 것

• 담쟁이 •

물든다

물든다
서로 다르게 물든다
내가 먼저 물들고
너는 중간에
그리고 또 너는 그 다음에
한 가지도 그렇다
한 세상도 그렇다
물드는 방법도
물드는 시간도
익어가는 속도도 다르다
당신도 나도 더디 물든다고 더디 익는다고
속상해하지 말기

• 자작나무, 담쟁이 •

물들었다

물들었다

하얀 자작나무에
파란 몸으로 타고 올라가다

빨갛게
물들어버렸다

시간이 그렇다

산딸나무

수고했다

수고했다
이렇게 곱게 물들어가느라
붉어진 열매를 맺느라

떨어지지 않고 가지 끝에 매달려
이렇게 살아냈으니

덕분에
이렇게 너를 본다

· 생강나무 낙엽길 ·

가끔 고운 숨이 필요할 때

가끔
고운 숨이 필요할 때

누구도 위로가 될 수 없다고 느낄 때
이곳으로 오세요

나뭇잎들이
제 생명을 다하고
땅과 호흡하고 있는 지금

의자에 앉아
눈을 감아보세요
낙엽들의 진한 흙내도 맡으면서

· 생
  강
  나
  무 ·

사랑합니다

사랑합니다

떨어진 잎으로도
이렇게
말할 수 있답니다

눈사람, 후원

나는 눈雪일 뿐이었지만

나는 눈雪일 뿐이었지만
그가 나에게 생명을 불어넣었다

둥글둥글 뭉치고
둥글둥글 굴려서

몸을
머리를
팔을
눈을
나무로 멋진 코를
그리고 웃고 있는 입을 만들어주었다
특별하게 모자까지 만들어 씌워주었다

그래서 나는 눈으로 만든 사람,
눈사람이 되었다
그냥 눈이었을 내가 눈·사·람·이 되었다

・
연
적
・

*내가 작다고
생각하지?*

내가 작다고
생각하지?

조그만 집 한 채라고
가벼이 보지 마라

그 옛날,
천삼백 도를 견뎌낸 단단한 나다

조그만 도자기라며
만만히도 보지 마라

태어나
칠백 년의 시간을 견디어 온 나다

너는 얼마만큼의 시간을 견디어내었더냐